AF261664

BIBLIOTHÈQUE POPULAIRE ET SOCIALE

À **25** CENTIMES

PLAIES SOCIALES

PARIS

A. NORMAND, LIBRAIRE-ÉDITEUR

11, RUE DES SAINTS-PÈRES, 11

1877

PLAIES SOCIALES

PLAIES SOCIALES

PAR

G. d'ALBRAYS

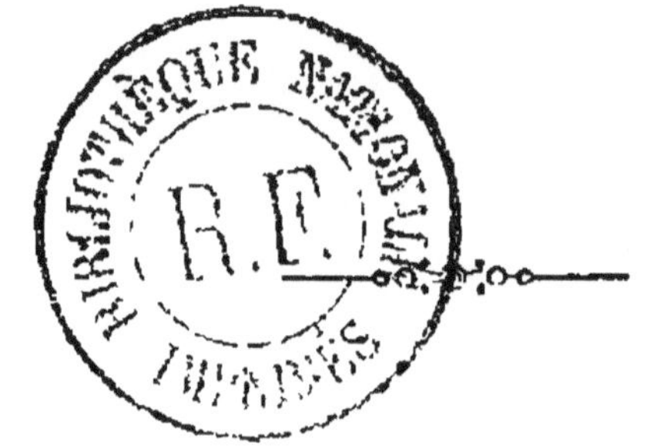

PARIS

A. NORMAND, LIBRAIRE-ÉDITEUR

11, RUE DES SAINTS-PÈRES, 11

1877

A la fin de février 1871, alors que
Paris, épuisé par les douleurs sans
nombre d'un siége de cinq mois, fré-
missait d'indignation à l'annonce du
nouvel outrage que le vainqueur se
préparait à lui faire subir, j'écrivais
les lignes suivantes, inspirées par un
sentiment de patriotisme, motivées
par la connaissance qu'une pénible
captivité parmi les Allemands m'avait
donnée de leurs projets :

«..... Toute démonstration hostile de
« notre part favoriserait l'exécution de

« projets à l'aide desquels, depuis le
« commencement de la guerre, on a
« stimulé l'enthousiasme ou la con-
« voitise des troupes allemandes.....
« Un seul genre de manifestation
« serait de nature à les inquiéter (les
« Allemands) et à les surprendre, car
« c'est le seul qu'ils n'aient pas prévu,
« le seul dont ils croient la population
« parisienne incapable :

« Que le jour où leur armée entrera
« dans Paris tous les monuments
« publics arborent le drapeau de deuil !
« Que toutes les boutiques, toutes les
« fenêtres soient fermées ; que pas un
« Français ne se montre dans les rues ;
« que pas un bruit ne se fasse en-
« tendre ; qu'ils entrent comme dans
« une ville morte !

. . . .

« Encore une fois ne leur donnons

« pas cette satisfaction de pouvoir dire
« qu'ils ont livré combat pour péné-
« trer dans Paris ! Si une demi-
« douzaine de coups de fusil étaient
« tirés contre eux ils se vanteraient
« encore d'avoir opéré des prodiges
« de valeur !

« Ne leur procurons pas non plus la
« jouissance de nous voir accourir en
« foule sur leur passage, pour con-
« templer leurs uniformes constellés
« des décorations dont on les a
« comblés après chacun de nos dé-
« sastres.

« Je le répète, s'ils entrent dans
« Paris ll faut qu'ils entrent *dans une*
« *ville morte*! Il faut que l'Europe,
« témoin de notre héroïque résistance,
« qu'elle admire, admire aussi notre
« dignité dans la défaite ! Il faut enfin
« que nos ennemis, si bien préparés

« à repousser la force par une force
« vingt fois plus grande, tremblent
« devant un silence qui les laissera
« impuissants. »

Ces conseils, reproduits par un
grand nombre de journaux appartenant
à des partis différents, furent suivis avec
une exactitude que l'on n'a point oubliée.
Paris prit le deuil, et l'entrée « triom-
phale » des vainqueurs les humilia
plus qu'une défaite. Plusieurs villes de
province suivirent l'exemple de Paris,
et, au milieu de nos douleurs na-
tionales, j'éprouvai une sorte de con-
solation en pensant que j'avais pu
contribuer à déjouer les plans, inspirés
par une vanité aussi mesquine que
cruelle, à ceux qui nous avaient tant
fait souffrir.

J'avais parlé aux vrais patriotes,
aux honnêtes gens, aux nobles cœurs,

soucieux de l'honneur du pays ; j'avais la certitude que tous me comprendraient, que tous répondraient à mon appel. L'événement a prouvé que je ne me trompais pas.

Quoi que puissent prétendre certains esprits prévenus, il y a encore, en France, un sentiment plus puissant que les passions politiques et les haines de parti, c'est le sentiment patriotique.

Toutes les fois qu'on s'adresse à ce sentiment, toutes les fois qu'on parle à la raison, à l'esprit et au cœur des Français, des véritables intérêts de leur pays, on est entendu et compris des honnêtes gens, à quelque parti qu'ils appartiennent.

Il n'est évidemment pas question ici de ces misérables, comme il en existe malheureusement trop , pour qui l'opinion qu'ils prétendent avoir est seulement un marchepied utile à leur ambition ou à leur cupidité, et qui ne sont, à vrai dire, d'aucun parti, si ce n'est du leur.

Ceux-là ne sont pas d'honnêtes gens. Or, je le répète, c'est seulement aux honnêtes gens que je m'adresse. Je ne veux point faire de la politique ni prendre en main la défense d'un parti quelconque. La seule cause que je veuille défendre, c'est, comme en 1871, la cause de la France !

Je viens dire à mes compatriotes : Voilà le mal qui mine notre pays ; voilà les plaies qui font obstacle à sa gloire, à sa prospérité, à sa puissance ! C'est à nous, honnêtes gens, de guérir ces plaies, réunissons nos efforts, entendons-nous comme nous l'avons fait en mars 1871 ! Le passé nous répond de l'avenir. Si nous avons bien pu, alors, humilier si profondément l'ennemi contre lequel nous semblions n'avoir aucune arme, nous viendrons certainement à bout de vaincre cet ennemi intérieur, que notre insouciance seule tolère au cœur de notre pays, et qu'on nomme les *Plaies sociales*.

GEORGES D'ALBRAYS

PLAIES SOCIALES

I

Les eaux changées en sang

. . . . *et l'eau fut changée en sang.*

Les poissons qui étaient dans le fleuve moururent, le fleuve se corrompit, les Égyptiens ne pouvaient boire de ses eaux, et il y eut du sang dans tout le pays d'Égypte.

Tous les Égyptiens creusèrent la terre le long du fleuve, et y cherchèrent de l'eau pour boire, parce qu'ils ne pouvaient boire de l'eau du fleuve. .

. . . .

Histoire ancienne ! dira-t-on ; qui s'avise maintenant de songer aux malheurs des Égyptiens indociles ? Le progrès a marché ; nous avons aujourd'hui des malheurs beaucoup mieux conditionnés, plus en rapport avec la civilisation moderne... et pas le moindre Moïse pour nous en délivrer !

— D'accord ! nous avons de très-jolies calamités, parfaitement appropriées à nos usages, à notre caractère, à notre tempérament. Mais les plaies d'Égypte n'en existent pas moins chez nous ; et elles sévissent parfois avec une étrange rigueur. Si, pour sacrifier à la mode, elles diffèrent un peu — quant à l'apparence — de ce qu'elles étaient au temps des Pharaons, il n'en est pas moins vrai que, pour qui se donne la peine d'observer, c'est au fond toujours la même chose. Écoutez plutôt les poëtes, les rêveurs, les philanthropes, amis de la science et désireux de partager avec tous leurs concitoyens les jouissances qu'elle leur procure :

A leur avis, l'instruction, les connaissances littéraires et artistiques devraient se répandre dans le pays entier comme les eaux limpides d'un fleuve bienfaisant, fécondant les terres sur son passage et assurant partout le calme et la prospérité.

Selon eux, ce fleuve serait alimenté par les écrits, livres, journaux, publications diverses des littérateurs, des savants, des penseurs, qui, vouant leur existence à la tâche sublime d'éclairer le peuple en le moralisant, laisseraient de côté tout sentiment d'intérêt personnel, et n'épargneraient ni veilles, ni fatigues pour arriver au but sublime qu'ils se proposeraient.

Quel rêve !... Quelques-uns — en petit nombre — essayèrent d'en faire une réalité ; quelle déception !...

Peu à peu, les sources qui alimentaient ce fleuve bienfaisant devinrent moins pures.

. . . . . *et l'eau fut changée en sang.*

Les doctrines que le fleuve, sous la forme de livres et de journaux, portait dans tout le pays pour y nourrir l'esprit et le cœur des hommes, se corrompirent. On les repoussa d'abord avec dégoût.

Mais : « *il y eut du sang dans tout le pays d'Égypte.* »

Les idées fausses, les doctrines dangereuses, immorales, antisociales, avaient pénétré partout. Le peuple devint d'autant plus avide de connaître que, repoussant avec horreur l'eau du fleuve empoisonné, il n'avait plus aucun moyen d'apaiser la soif qui le dévorait.

« *Tous les Égyptiens creusèrent la*
« *terre le long du fleuve, et y cherchè-*

« *rent de l'eau pour boire, parce qu'ils*
« *ne pouvaient boire de l'eau du fleuve.* »
Le peuple, ne pouvant se résoudre à boire
le sang dont la couleur sinistre l'effrayait,
creusa la terre le long du fleuve et y
chercha de l'eau pour boire.

Il trouva un hideux mélange d'eau, de
sang et de boue, aussi corrompu que le
sang remplaçant les eaux limpides du
fleuve.

Toutefois, ce n'était pas absolument du
sang. C'était de l'eau trouble, boueuse,
infecte, mais qu'à la rigueur on pouvait
nommer de l'eau. Les malheureux altérés
s'arrachèrent à l'envi cette boisson in-
fernale, qui les empoisonna lentement et
par degrés. Ils s'y habituèrent peu à peu.
Ils y prirent même goût. Bientôt on vit
les bords du fleuve couverts d'une masse
compacte de gens, qui, pour tremper leurs
lèvres dans ces ondes ensanglantées, fou-
laient aux pieds, sans remords, tout ce qui
s'opposait à leur passage. Chacun de ces

hommes devint alors lui-même un foyer de corruption, funeste aux êtres animés qui avaient le malheur de l'approcher.

Cependant quelques sages, saisis de compassion pour les insensés et les aveugles incapables de voir eux-mêmes à quel degré d'abaissement il étaient descendus, s'efforcèrent, comme autrefois Moïse, d'éloigner le redoutable fléau.

Grâce à eux, les eaux du fleuve reprirent leur limpidité, et le peuple fut libre de chercher dans la fraîcheur de ses ondes un soulagement à la fièvre que le poison avait allumée dans ses veines.

Mais alors il se passa une chose étrange :

Loin d'apprécier le bienfait qui leur était accordé et de se montrer reconnaissants envers les sages à qui ils le devaient, les hommes, mécontents d'être privés du breuvage amer et malsain dont ils avaient pris l'habitude, commencèrent à murmurer.

— Les eaux du fleuve — disaient-ils — n'ont aucune saveur. Elles sont fades et insipides, bonnes tout au plus à désaltérer les femmes et les enfants ! Ce qu'il nous faut, à nous, c'est une boisson qui brûle notre palais, qui excite nos passions jusqu'au délire, qui, en un mot, nous fasse vivre, ou plutôt ranime en nous la lueur d'existence qui nous reste encore. Voilà le breuvage qui nous convient ! Avec celui-là seul nous serons des hommes forts, et non pas de pauvres êtres, faibles de corps et d'esprit, que le premier venu peut mener à son gré !

Or, comme les eaux du fleuve ayant repris leur limpidité, les malheureux ne pouvaient plus trouver leur breuvage préféré que dans des mares et des étangs infects, où l'eau du fleuve ne pénétrait pas, ce breuvage devint rare et sa rareté le fit apprécier encore davantage, à tel point qu'on se ruinait pour en obtenir une petite quantité.

L'idée vint aux spéculateurs de tirer parti de cet argument pour s'enrichir.

Ils recherchèrent soigneusement par tout le pays les hommes qui s'étant largement abreuvés au fleuve de sang étaient le plus complétement imprégnés des principes empoisonnés que contenaient ses eaux. Quand ils en eurent réuni un assez grand nombre, tous se mirent à l'œuvre pour découvrir un ruisseau dont ils entreprirent de corrompre la source. Alors ils songèrent à élargir le lit du ruisseau qui devint une rivière dont les eaux empoisonnées leur procurèrent d'immenses richesses ; car ils faisaient bonne garde et n'en donnaient point à ceux qui ne pouvaient les payer un prix suffisant.

Mais le désir d'avoir de ces eaux était poussé jusqu'à la rage. Pauvres et riches trouvaient le moyen de s'en procurer ; ceux qui n'avaient pas d'argent devenaient voleurs ou assassins pour en avoir. Les spéculateurs, enchantés de la rapidité avec laquelle leur caisse se remplissait, travaillaient sans cesse à préparer les matières empoisonnées qui devaient alimenter la rivière, afin de pouvoir suffire aux exigences des buveurs, toujours plus altérés.

Ils travaillèrent si bien que la rivière devint un torrent, et qu'un beau jour, renversant les digues qui s'opposaient à ses envahissements, elle inonda tout le pays.

Ce fut d'abord une joie immense. On allait pouvoir, sans rien payer, se rassasier de ce breuvage dans lequel les hommes croyaient trouver de nouvelles forces.

Mais au bout de quelque temps la satiété survint; on trouva le breuvage insipide. Les spéculateurs se mirent de nouveau à l'œuvre pour créer des ruisseaux dont les eaux, saturées d'une plus forte dose de poison, pussent contenter leurs « clients. »

Seulement, profitant de la leçon qu'ils

avaient reçue, ils se gardèrent bien de réunir tous leurs efforts sur un même point et de transformer le ruisseau en tor-rent. Ils préférèrent multiplier les ruis-seaux en leur donnant une saveur de plus en plus prononcée, afin de réveiller le sens du goût chez les buveurs, dont le palais blasé trouvait insipides des breuvages assez forts pour foudroyer ceux qui n'y étaient point habitués.

C'est ainsi que ce qui avait d'abord été considéré comme une terrible calamité, devint, avec le temps, un des traits distinc-tifs de la nation et l'une des causes les plus importantes de sa richesse; nous ne pou-vons pas dire de sa prospérité.

Doit-on conclure de là que les eaux lim-pides changées en sang, que la corruption répandue par ces eaux sur tout leur par-cours aient cessé d'être une plaie? Oh! non, certes! La plaie existe; d'autant plus profonde, d'autant plus difficile à guérir que ceux-là chez qui le mal est le plus enraciné sont justement ceux qui ont le moins conscience de ses ravages.

Quant à ceux qui, ayant eu le bon sens de se préserver de la contagion, ont conservé assez de présence d'esprit pour comprendre le danger de leurs concitoyens et pour le déplorer, un seul espoir leur reste :

C'est que, à force de vouloir à tout prix et par tous les moyens satisfaire cette soif d'émotions et cette curiosité malsaine qui tourmente notre époque, en un mot « faire du nouveau » on arrive enfin, — et bientôt peut-être, — à tomber assez complétement dans l'absurde pour ouvrir les yeux des moins clairvoyants.

Alors, complétement blasé, fatigué, dégoûté de tout, le peuple, un beau jour, se dirigera vers le fleuve, abandonné depuis si longtemps qu'il lui paraîtra nouveau. On essayera de se désaltérer dans les eaux limpides, et l'on s'apercevra avec surprise que, pour les palais blasés, inhabiles désormais à reconnaître les différentes saveurs, ces eaux n'ont pas moins de goût que les breuvages mortels, préparés à grand renfort d'imagination avec un mélange de boue et de sang.

Mais ces eaux bienfaisantes, faisant circuler dans les veines une fraîcheur salutaire, la fièvre se calmera chez tous ceux qui en auront bu. Le délire cessant, ils reconnaîtront enfin le fléau qui, pendant longtemps, s'est appesanti sur eux d'une manière plus terrible qu'il ne le fit jadis sur les Égyptiens. Ceux-là, du moins, avaient la conscience du danger et s'efforçaient d'y échapper; tandis que nous, complétement affolés, nous buvons à longs traits le poison qui nous tue, et nous acclamons comme bienfaiteurs de l'humanité ceux qui inventent les poisons les plus dangereux.

Au fait, nous avons peut-être raison.

Puisque ce fléau ne peut, dit-on, être

détruit que par lui-même, plus il sévira avec force, plutôt il prendra fin.

Ainsi, de grâce, messieurs les empoisonneurs littéraires et populaires, ne vous gênez pas ; redoublez d'efforts, inondez le pays de votre presse incendiaire, du récit des crimes épouvantables qui hantent votre imagination malade comme autant de sombres fantômes ! Allez, allez toujours ! volez, assassinez, commettez, — par écrit, — toutes sortes d'infamies, que vos lecteurs, disciples dociles, commettront en réalité. A force d'être infâmes…, et de rendre les autres infâmes…, vous finirez par devenir seulement ridicules. Et alors vous ne serez plus à craindre.

Alors l'esprit humain pourra enfin acquérir les connaissances nécessaires à son entier développement. On ne tentera plus d'empoisonner moralement le peuple sous prétexte de l'instruire, et il ne sera plus obligé d'imiter les Égyptiens qui :

« *Creusèrent la terre le long du fleuve*
« *et y cherchèrent de l'eau pour boire,*
« *parce qu'ils ne pouvaient boire de l'eau*
« *du fleuve.* »

II

Les Grenouilles

... je frapperai toutes vos terres et je les couvrirai de grenouilles.

Le fleuve en produira une infinité, qui entreront dans votre maison ; qui monteront dans la chambre où vous couchez, et sur votre lit, qui entreront dans les maisons de vos serviteurs, et dans celles de tout votre peuple, qui passeront jusque dans vos fours et jusque sur les restes de vos viandes.

. . . .

Ces batraciens, chassés des étangs qui

étaient leur refuge naturel, se répandirent en effet sur tout le pays. Ne pouvant plus se procurer que difficilement les vers et les insectes qui formaient leur nourriture habituelle; cherchant en vain la vase, où, pendant l'hiver, ils s'abritaient contre le froid, ils se trouvèrent en danger de mort, et ne purent échapper à ce danger qu'en modifiant complétement leurs goûts et leurs usages pour adopter ceux du peuple dont ils avaient envahi les terres.

Jusqu'alors les naturalistes avaient reconnu trois branches dans l'intéressante famille des batraciens; à partir de ce moment il en exista une quatrième, qui, pour n'être pas mentionnée dans les traités de zoologie, n'en est pas moins importante: ce fut la branche des DÉCLASSÉS.

Le fleuve — sans doute — en produit une infinité, car aucune race ne se multiplie aussi rapidement que celle-là. Il n'est pas une maison qui n'en renferme au moins un spécimen, et souvent plusieurs.

On les rencontre partout et sous toutes les formes, ces terribles déclassés, car, sous prétexte qu'ils sont frustrés de la place qui leur appartient, ils trouvent moyen d'occuper celles qui appartiennent aux autres.

Ils n'ont rien à eux, dit-on ; ils sont à plaindre. Mais, en leur qualité de « déclassés » ils ont droit à ce que les autres possèdent ; et ce droit, qu'ont-ils fait pour l'acquérir ? Rien, absolument rien, si ce n'est sortir des étangs où ils barbotaient, pour venir s'abattre sur les terres d'autrui.

Ce n'est point grâce à leurs mérites que les grenouilles ont pu traiter l'Egypte en pays conquis ; mais bien grâce aux fautes des Egyptiens.

De même, nous devons le supposer, c'est pour nos péchés que l'innombrable famille des déclassés s'est abattue chez nous, car ce ne peut, assurément, être en récompense de ses mérites qu'il lui a été accordé de vivre à nos dépens.

Et c'est qu'il y en a, de ces batraciens !
— Pardon, je pensais à ceux des Egyptiens. — Depuis que chacun s'efforce de sortir de son élément et de faire oublier la vase où il a pris naissance, on ne peut plus faire un pas sans se heurter à quelque déclassé. Ils pénètrent dans toutes les maisons, dans toutes les chambres ; ils prennent place à votre table ; et, non contents de s'y emparer de la meilleure part, ils souillent ou dispersent jusqu'aux restes de vos viandes, de manière à vous priver même de ce qu'ils ne consomment pas.

Quand vous voyez de grands garçons barbus pérorer gravement dans les magasins de nouveautés sur la quantité de mètres d'étoffe que nécessite telle ou telle façon de robe, vous êtes en présence de déclassés... plus ou moins bacheliers. On ne leur a pas accordé la haute position qu'ils croyaient due à leurs mérites, et l'existence de soldat n'a rien qui les tente. Aussi, pour avoir sans danger,

comme sans grande fatigue, le pain quo-
tidien accompagné des cravates éclatantes
et des gants frais auxquels ils tiennent
presque autant, ils se résignent, — de
mauvaise grâce, — à prendre la place de
pauvres filles qui, privées ainsi des
moyens de gagner leur vie, vont grossir
à leur tour le nombre des déclassés — et
déclassées, — et contribuer aux désastres
causés par la huitième plaie, dont nous
parlerons plus tard.

Ces messieurs sont, il est vrai, profondément humiliés du rôle qu'ils jouent.
Afin de se dédommager de cette humilia-
tion, ils professent un mépris superbe
pour tout ce qui les entoure, depuis le
« patron » de l'établissement et les commis, leurs collègues, jusqu'aux acheteurs
à qui ils sont obligés de « faire l'article. »

Vaniteux par nature, le « déclassé » est
dédaigneux par calcul; il croit s'élever
d'autant plus qu'il abaisse davantage les
autres. Bacheliers et bachelières, que leur

grandeur attache au rivage, rougissent du travail manuel qui les fait vivre. Ils confondent dans un même sentiment d'horreur les industriels qui les emploient et les gens qu'une véritable instruction met au-dessus d'eux. Ils se glissent partout, et partout infectent du venin de leur envie et de leur malveillance ce dont ils ne peuvent s'emparer.

Vous les trouvez dans tous les rangs de la société, ces mécontents de leur sort, qui s'en prennent aux autres de l'insuccès qu'ils devraient attribuer seulement à leur incapacité ; qui se prétendent déshérités de leur patrimoine, tandis que, en réalité, ils vivent du patrimoine d'autrui.

L'humble employé qui rêve d'être ministre : déclassé ! Le sous-officier qui n'a pas obtenu l'avancement qu'il espérait : déclassé ! Le docteur sans clientèle, l'avocat sans cause, le journaliste dont on refuse les articles, vivant d'expédients et décriant à qui mieux mieux tous ceux qui réussissent : déclassés, déclassés, déclassés !

La fille du concierge suit un cours de chant dans l'espoir de prendre rang parmi les «étoiles» des cafés-concerts, et prétend avoir de mystérieux liens de parenté avec un grand d'Espagne, possédant encore de nombreux châteaux... dans son pays. Le cocher de fiacre est licencié en droit ; le commissionnaire du coin parle du temps où il allait au collége — il s'abstient de dire qu'il y cirait les souliers des élèves. — Il n'est pas jusqu'à la femme de ménage qui, parlant à des « dames » de sa connaissance, ne déclare que « dans le « temps où elle pouvait se faire servir, « elle aurait rougi « d'offrir » à ses do- « mestiques du café d'aussi mauvaise qua- « lité que celui dont on lui donne chaque « matin une tasse d'une petitesse ridi- « cule. »

Vous avez fait des études spéciales et

consciencieuses en vue d'occuper un jour un emploi qui doit vous assurer un avenir honorable ; vous avez une promesse formelle de l'obtenir dès que vous aurez acquis les connaissances indispensables, vous dit-on, aux fonctions que vous ambitionnez. Enfin, sûr de vous, ayant en main les preuves que vous êtes en mesure de remplir ces fonctions, vous allez, le cœur tout gonflé de joyeuses espérances, réclamer l'exécution de la promesse qui vous a été faite :

On vous apprend alors, en exprimant un regret poli, que la place a été donnée à un certain M. X..., dont une spéculation hasardeuse vient de diminuer le revenu qu'il avait espéré doubler.

— Mais M. X... n'a aucune des connaissances nécessaires pour remplir cet emploi ! Il est impossible qu'on le lui ait donné ! Vous devez vous tromper ? vous écriez-vous, cherchant à douter encore.

— Il est, à coup sûr, beaucoup moins

capable que vous, et l'administration ne gagnera pas au change. Mais c'était une nécessité absolue ; M. X... tient un rang dans le monde ; son train de maison, très considérable, l'oblige à de grandes dépenses auxquelles son revenu actuel ne peut suffire. Il était impossible de le laisser dans une pareille situation, et malheureusement la place que vous sollicitiez était la seule vacante pour le moment. Je le regrette beaucoup ; l'administration y perd plus que vous, car les connaissances que vous avez acquises en vue de cet emploi vous aideront certainement à en trouver un autre.

En attendant, vous vous retirez, navré de voir votre place prise ; furieux d'avoir perdu votre temps à des études qui ne vous seront d'aucune utilité, et qu'on n'a pas jugé à propos d'exiger de M. X..., parce que, en sa qualité de déclassé, il est censé être bien supérieur à tous les emplois qu'il daigne condescendre à accepter.

Une des variétés les plus nombreuses de la famille des déclassés est celle des parasites. Comme ils n'ont pas la grande existence qui leur convient, qui leur est due, qui leur appartient de droit, sinon de fait, ils sont naturellement dispensés de tous devoirs d'hospitalité envers les personnes chez lesquelles ils sont reçus. Il est sous-entendu que, si jamais le sort se décide à les traiter avec moins de rigueur, ils s'empresseront de témoigner de la façon la plus brillante leur reconnaissance aux amis des mauvais jours. Seulement, trop fiers pour se résoudre à recevoir ces amis avec la mesquine simplicité que les circonstances leur imposent, ils préfèrent se priver momentanément d'un si grand bonheur, attendant que les événements leur apportent les moyens d'acquitter la dette de reconnaissance qui pèse sur leur cœur.

En attendant, ils daignent, en bons princes, accepter une hospitalité dont ils se montrent rarement satisfaits. Jouissant des agréments de la vie mondaine sans en avoir les charges, ils ont une excellente table — chez leurs amis, — d'agréables soirées ; autant de loges au théâtre qu'ils connaissent de personnes ayant des abonnements. Ils ont, en été, non pas une, mais dix maisons de campagne à choisir ; et, pour peu qu'ils aiment le changement, ils peuvent varier leurs plaisirs en allant de l'une à l'autre. Comment ne pas les accueillir avec sympathie, ces pauvres déclassés, obligés de chercher dans des demeures étrangères le luxe et le confort qu'ils auraient tant de droit à posséder eux-mêmes ?

En vérité, on serait presque tenté de rougir de sa fortune en voyant que tant de gens, si bien faits pour vivre dans l'oisiveté, sont obligés, ou d'accepter des travaux indignes de la supériorité de leur intelligence et de l'élévation de leurs sentiments, ou d'être redevables de leurs loisirs aux sympathies qu'ils savent inspirer.

Les déclassés ont et auront toujours chez nous le don d'inspirer la sympathie.

Autant il semblait juste aux Égyptiens de crier et de gémir contre les fléaux qui les accablaient, autant il nous paraît naturel de nous habituer aux nôtres et d'y prendre goût.

Les batraciens du temps de Pharaon étaient pour ses sujets un objet d'horreur et de dégoût. On aspirait à en être délivré.

Nos..... déclassés, au contraire, nous intéressent. Nous les plaignons d'être jetés hors de leur élément, nous faisons tous nos efforts pour qu'ils s'accoutument à nos usages ; nous tenons à en acclimater l'espèce dans notre pays; nous y réussissons. Depuis quelques années surtout, cette race s'est tellement multipliée qu'il est rare maintenant de rencontrer un homme trouvant qu'il convient à sa place et que sa place lui convient ; ne croyant pas déroger en travaillant honnêtement pour gagner sa vie et en avouant que le rang de ses parents était humble comme le sien.

Ce qui rend, pour nous, les ravages produits par ces fléaux plus terribles qu'ils ne l'étaient pour les Égyptiens, c'est notre aveuglement. Loin de les redouter, nous nous y complaisons ; de sorte qu'au lieu de diminuer d'intensité, le mal augmente sans cesse ainsi que l'audace des envahisseurs. Si l'on n'y prend garde, ceux-ci finiront par chasser complétement de leurs demeures les véritables propriétaires, dont la seule ressource alors sera d'aller chercher un refuge dans les étangs, d'où sont sortis les hôtes incommodes qui les auront dépossédés.

Toùt participe aux progrès de la civilisation, même les grenouilles.

Celles de nos jours feraient sans nul doute entendre des coassements railleurs, si on prétendait restreindre leurs droits à ceux des grenouilles d'Égypte, dont cependant les prérogatives n'étaient pas minces, puisqu'il était dit que :

« ..... *elles entreront dans votre mai-*
« *son; elles monteront dans la chambre*
« *où vous couchez, et sur votre lit;*
« *elles entreront dans les maisons de*
« *vos serviteurs et dans celles de tout*
« *votre peuple, elles passeront jusque*
« *dans vos fours et jusque sur les*
« *restes de vos viandes.* »

III

Les Moucherons

Les hommes et les bêtes furent tout couverts de moucherons ; et toute la poussière de la terre fut changée en moucherons dans toute l'Égypte.

. . . .

Les premiers qui parurent chez nous allèrent s'abattre, en bourdonnant, autour des oreilles des juges siégeant dans nos tribunaux. Ils commencèrent par les étourdir de manière à les empêcher d'entendre le récit des faits à la charge des criminels qui comparaissaient devant eux.

Quand, par leurs bourdonnements, ils furent parvenus à les troubler, d'autres essaims de moucherons voltigeant devant les yeux des jurés les éblouirent, et les empêchèrent de voir clair comme les premiers les avaient empêchés d'entendre distinctement.

Ces manœuvres amenèrent l'acquittement de plusieurs accusés. Dès lors les gens soupçonnés — à tort ou à raison — d'avoir commis quelques actes répréhensibles aux yeux de la loi, trouvèrent prudent de recourir aux... moucherons, pour essayer d'éviter les châtiments qu'ils pouvaient avoir à redouter.

Un crime suppose d'ordinaire une victime ; ou, si la victime ne peut témoigner, un accusateur qui invoque contre le criminel la justice des hommes.

Les accusés se faisant toujours soutenir par des moucherons dévoués à leur cause, leurs adversaires, c'est-à-dire les victimes et les accusateurs, s'avisèrent, pour rendre la partie égale, de réclamer, eux aussi, les services des moucherons.

Ceux-ci étaient braves gens... et pas fiers. Voués par état à la défense de l'humanité, ils prirent volontiers parti, suivant les circonstances, tantôt pour l'opprimé, tantôt pour l'oppresseur, accablant d'injures les moucherons qui combattaient en faveur de la partie adverse. Mais tout cela sans fiel, sans rancune, comme de braves petits moucherons qu'ils étaient ; si bien qu'après les débats, les deux essaims rivaux se réunissaient et fraternisaient, sans paraître se souvenir de la lutte qui venait d'avoir lieu.

L'utilité de ces élégants insectes étant enfin généralement reconnue, ce fut à qui réclamerait leurs bons offices. Il n'y eut plus une seule discussion dans le pays, pas la moindre contestation à propos d'un

mur mitoyen, pas la plus petite querelle
de ménage, sans que chacun des intéressés
s'empressât d'appeler des moucherons
pour... arranger l'affaire.

Leur intervention, nous devons le
dire, avait habituellement un résultat
diamétralement contraire à celui-là.

Mais c'était devenu une habitude, une
véritable mode, on ne pouvait plus se
passer du concours des moucherons.
Comme, de leur côté, ils s'efforçaient de
semer partout le trouble et la discorde
afin de multiplier les occasions de faire
entendre leurs bourdonnements, ils en
vinrent à ne plus pouvoir, malgré leur
zèle, satisfaire aux demandes de tous les
plaideurs qui avaient recours à eux.

Force fut d'aviser au moyen de parer à
cet inconvénient. On fit venir des con-
trées les plus lointaines des nuées de
moucherons. On établit des écoles spéciales, dans lesquelles les jeunes moucherons apprenaient l'art de bourdonner sans

s'arrêter pendant de longues heures, et d'étourdir leurs adversaires en tournoyant autour d'eux, en agitant leurs ailes de manière à causer aux pauvres gens une sorte d'agacement nerveux, qui les rendait presque incapables de se défendre.

De tous côtés on vit surgir des moucherons en quantité innombrable.

« *Toute la poussière de la terre fut changée en moucherons.*

« *Les hommes et les bêtes furent tout couverts de moucherons.*

Se servant avec autant d'audace que d'intelligence de la faculté de bourdonner qu'ils avaient reçue de la nature et que l'art avait encore développée chez eux, les moucherons prétendirent faire du bruit dans le monde, non-seulement à propos des dissentiments existant entre les individus, mais encore à propos des querelles entre les nations. L'ambition s'empara de ces grains de poussière devenus des êtres animés. Ils voulurent gouverner l'Etat. Pour atteindre leur but ils employèrent le moyen dont ils avaient déja éprouvé l'efficacité. Ils semèrent partout la discorde, fomentèrent des troubles, des révoltes, des désordres de toutes sortes à l'intérieur du pays ; tandis qu'à l'extérieur, ils lui créaient, par leurs bourdonnements pleins d'imprudente vanité, des ennemis irréconciliables.

Quant on vit d'horribles calamités fondre de toutes parts sur le malheureux pays, désolé à la fois par la guerre civile et par la guerre avec l'étranger, par la misère et par de cruelles épidémies, tout le monde perdit la tête. On crut la nation condamnée sans ressource. De même qu'on a parfois recours aux remèdes trompeurs des empiriques et des charlatans pour essayer de sauver le malade que les médecins ont déclaré perdu, de même, dans cette terrible extrémité, on se confia aux moucherons. Ils prétendaient être seuls capables de sauver le pays sans qu'il eût à subir aucune condition peu compatible avec sa dignité, dont le soin était pour eux — du moins ils l'affirmaient — plus important que celui de leur propre existence.

Ils étaient sans doute de bonne foi, ces honnêtes moucherons. Ils avaient la conviction que des bourdonnements énergiques et menaçants suffiraient pour effrayer l'ennemi du dehors, pour rétablir au-dedans l'ordre et le calme si profondément troublés.

Malheureusement l'événement ne répondit point à leur attente. Après avoir bien bourdonné ils durent reconnaître que, pour remédier à une situation aussi grave, il fallait agir. Seulement, les moucherons, quoique gens de mouvement, n'étaient point gens d'action, — c'est loin d'être la même chose. — En voyant les tristes résultats de leur incapacité ils bourdonnèrent et s'agitèrent de plus belle ; quelques-uns d'entre eux versèrent

même des torrents de larmes, ce qui n'a-
méliora nullement la situation.

Le peuple, irrité contre les moucherons à qui il attribuait — non sans
cause — la plus grande partie de ses
malheurs, ne voulait plus entendre parler
d'eux. Sur tous les murs on voyait de
grandes affiches avec ces mots, imprimés
en caractères gigantesques : **PLUS DE MOU-
CHERONS** !

Mais les moucherons sont doués d'une
persévérance que rien ne lasse. Nous l'a-
vons tous éprouvé ; quand un moucheron
se met à bourdonner autour de vous il
est presque impossible de s'en débarras-
ser. On le chasse avec la main droite il re-
vient bourdonner à l'oreille gauche ; la
main gauche se lève pour l'éloigner, il
voltige sur l'œil droit ; et ainsi pendant
des heures entières jusqu'à ce que, l'im-
patience vous donnant une sorte de fièvre, vous vous décidiez à lui céder la
place ; heureux encore quand il ne lui

prend pas fantaisie de vous accompagner.

Il en fut de même de nos moucherons. Un instant persécutés et bannis par l'opinion publique ils ne se découragèrent pas pour cela. Loin de perdre contenance ils se posèrent en victimes de l'injustice de leurs concitoyens. A les entendre, eux seuls avaient empêché la destruction totale du pays. Ils étaient les libérateurs de leur patrie ! Si l'ingratitude du peuple l'empêchait de reconnaître des services rendus avec tant de dévouement et d'abnégation, le témoignage de leur conscience, la satisfaction intime que donne la certitude d'avoir accompli son devoir, les consolaient de la douleur causée par une déception si cruelle.

Les premières fois qu'ils essayèrent de soutenir une pareille prétention, leurs bourdonnements furent accueillis par les huées, les sarcasmes et les imprécations de la foule. Peu s'en fallut qu'on ne les lapidât.

Mais les moucherons ne se découragèrent toujours pas. Ils continuèrent à bourdonner dans le même sens ; si bien qu'on s'habitua peu à peu à leurs prétentions et qu'elles finirent par sembler moins exorbitantes. Il se trouva même de braves gens, dont la naïve honnêteté s'indigna de la froideur avec laquelle on traitait ces courageux citoyens, dont le grand cœur avait tout sacrifié à la patrie..... même leur honneur.....

Rien ne vaut les compères de bonne foi. Un revirement s'opéra dans l'opinion publique. Tous les amis de la paix, désireux de conserver leurs biens et de jouir d'une douce quiétude, se mirent du parti des moucherons. Quand on leur rappelait les terribles désordres qui avaient suivi l'arrivée au pouvoir des essaims bourdonnants, ils répondaient avec une candeur ingénue :

— Sans doute ; mais ces désordres n'é-
taient pas leur œuvre ! Entraînés par le
mouvement, les moucherons n'auraient
pas pu, sans imprudence, essayer de le
réprimer tout à coup. Ils ont dû subir les
lois que la nécessité leur imposait, et,
s'ils n'eussent pas été là, nous aurions eu
certainement à déplorer des malheurs
encore plus épouvantables.

C'est ainsi que les moucherons, infati-
gables dans leurs bourdonnements conti-
nuels, préférant le blâme et même le
mépris à l'oubli, ne laissant pas à l'opinion publique le loisir de s'occuper
d'autre chose que d'eux, finirent par rega-
gner en grande partie le terrain qu'ils
avaient perdu.

Les postes importants dont, par mesure
de prudence, on avait cru devoir les éloigner, leur furent de nouveau confiés. Les
bourdonnements tristes et larmoyants,
qu'ils avaient jugé convenable d'adopter
après leur éclatante défaite, firent place à

de véritables chants de triomphe, par lesquels ils célébrèrent.....

Nous, qui trouvons ces démonstrations prématurées, imprudentes et peu dignes, nous nous abstiendrons de dire ce que les moucherons *prétendirent* célébrer par leurs chants de triomphe.

D'autant plus que leurs orgueilleuses démonstrations étaient peut-être tout simplement dues à la joie qu'ils éprouvaient de voir enfin revenir pour eux les beaux jours du succès et de l'influence.

Les moucherons sont ambitieux, on le sait.

Tous les orgueilleux le sont. Franchement, si une race a le droit d'être orgueilleuse, c'est bien celle des moucherons.

Être sortis de la poussière de la terre, et arriver, par la seule puissance de leurs bourdonnements, à décider du sort des nations !

N'y a-t-il pas là de quoi s'enorgueillir,

alors même qu'on serait d'une modestie..... ridicule ?

Et c'est qu'il n'y a pas à dire, la chose est positive, depuis que :

« *Toute la poussière de la terre fut changée en moucherons ;*

« *Les hommes et les bêtes furent tout couverts de moucherons.* »

G. D'ALBRAYS.

LA LUMIÈRE

JOURNAL POLITIQUE HEBDOMADAIRE

CONTENANT

Échos du Sénat et des Chambres — Littérature — Histoire — Hygiène — Voyages — Géographie avec cartes imprimées en quatre couleurs, par Becque, tous les mois — Modes — Beaux-Arts — Variétés — Théâtres — Musique — Courrier du Travail, de l'Agriculture et du Commerce.

On s'abonne à partir du 1er de chaque mois.

ÉDITION AVEC CARTES

UN AN. . { France . . . . 15 fr.
{ Etranger . . . . 20 —

ÉDITION SANS CARTES

UN AN. . { France . . . . 10 fr.
{ Etranger . . . . 15 —

RÉDACTION ET ADMINISTRATION

11, Rue des Saints-Pères, Paris

« Quand donc créera-t-on un journal que nous
« pourrons distribuer parmi la classe ouvrière,
« surtout un journal qui, par son titre et par ses
« doctrines, n'éloigne pas ceux que nous voulons
« ramener dans le droit chemin ! »

Voilà ce que nous avons entendu dire et
demander tant de fois par de grands et nobles
cœurs n'ayant qu'un but, qu'un désir : « *la
gloire et la prospérité de la Patrie ! le bonheur de
tous ses enfants !* »

Voilà pourquoi le journal *la Lumière* a été créé.

Entouré de dévoués collaborateurs connus et
estimés du public français, nous sommes presque sûrs du succès.

Que ceux qui ont à cœur de *voir triompher la
Religion ! de contribuer à la résurrection de la
Patrie !* propagent et répandent notre journal
parmi ceux qui les entourent. Qu'ils soient sans
crainte, lorsqu'ils le remettront entre les mains
d'ouvriers, ils n'entendront pas dire : « *Ah ! c'est encore un journal de curés ?* » Non, nous le certifions
à l'avance, on nous recevra et *on nous lira avec
plaisir*, et nous ne nous étonnerons pas le jour
où l'on nous dira : « *Continuez ! continuez votre
» œuvre est belle ! vous avez su comment il faut
» parler au peuple, à l'ouvrier !* »

Qu'on ne croie pas que c'est l'orgueil qui
nous fait parler ainsi. Non ! c'est la confiance
dans notre œuvre, dans le désir que nous avons
de ramener tous les malheureux et les égarés.

Il faut prendre l'ouvrier tel qu'il est.

Il faut essayer de toucher sa corde sensible.

Faire vibrer la corde du cœur.

Il est bon et crédule, et c'est pour cela qu'il se
laisse si facilement entraîner.

On flatte ses passions pour le conduire au mal ?
Eh bien !

Nous flatterons ses qualités pour le mener au bien !

On ne lui montre que tout ce qui est mauvais ? Eh bien !

Nous lui montrerons tout ce qui est beau, tout ce qui est bon !

En un mot, nous le mettrons à même de voir *où sont ses véritables amis !*

Mais, pour réaliser ce programme,

Pour mener à bien cette œuvre régénératrice,

Il nous faut l'aide et le concours de tous les Catholiques.

Qu'ils entendent notre appel et y répondent.

Que chacun y contribue dans la mesure de ses forces ;

Et nous réaliserons alors ces belles paroles, de :

« **Tous pour un, Un pour tous.**

« **Tout pour la France,**

« **Par la France et avec la France.** »

Le journal paraît depuis le 4 Novembre 1876

VOIR A LA PAGE SUIVANTE, LES

PRIMES OFFERTES

PRIMES

Nous sommes heureux d'annoncer à nos abonnés de la *Lumière* et du *Messager* que nous avons passé avec un des principaux éditeurs de Paris, un traité d'après lequel nous pouvons mettre à leur disposition DEUX MAGNIFIQUES CHROMO-LITHOGRAPHIES, au prix de **12 francs** chacune, et n'ayant jamais été vendues moins de 40 fr. en librairie.

Ces deux planches, qui se recommandent autant par leur riche coloris et la délicatesse du dessin que par le sentiment religieux et artistique qui les a inspirées, sont la reproduction de deux œuvres d'une très-grande valeur.

La première représente le COURONNEMENT DE LA VIERGE, d'après le célèbre GIOVANNI DA FIESOLE, plus connu sous le nom de FRA ANGELICO, à cause du charme célèbre de ses têtes. — L'original, qui est au Musée du Louvre, est considéré comme un des plus purs chefs-d'œuvre de l'art chrétien au moyen âge.

La seconde représente la PROCLAMATION DU DOGME DE L'IMMACULÉE CONCEPTION, d'après SAVINIEN PETIT, un de nos premiers peintres français. — Ce dessin rappelle, par sa composition et le sentiment avec lequel il est traité, le faire et la touche des artistes florentins des XIIIe et XIVe siècles. La Vierge immaculée plane dans un nuage, et au-dessous d'elle se détache la tête si douce et si belle de Pie IX, entouré des prélats et des cardinaux, dont chaque figure est d'une ressemblance frappante.

Ces deux Œuvres peuvent être prises séparément.

BIBLIOTHÈQUE POPULAIRE, SOCIALE ET RELIGIEUSE

25 CENT. ET **30** CENT. PAR LA POSTE

OUVRAGES PARUS

LA PREMIÈRE AUX RADICAUX. — LES FAUX RÉPU-
BLICAINS. — NOS RÉFORMATEURS.
NOBLES ET PAYSANS.
LE PEUPLE ET SES REPRÉSENTANTS. — UNE SOLUTION
DE LA QUESTION SOCIALE.
L'INTERNATIONALE. — NOS PLAIES SOCIALES.

(Ce qui suit est extrait du Courrier du Berry, *du 4 octobre* 1876).

« C'est avec le plus pénible regret que nous voyons les
« journaux catholiques garder le silence sur les jour-
« naux républicains, contre la propagande d'excel-
« lentes petites brochures que d'honorables libraires,
« dévoués à nos convictions, éditent à leurs risques et
« périls, sur les hommes et sur les faits et gestes de la
« Révolution. C'est ainsi que le 18 septembre 1876, la
« *République française* donnait, dans l'article suivant, le
« signal d'une campagne contre cette propagande. Voici
« ce que disait ce journal :

« Les cléricaux savent mettre de la variété dans leur
propagande. Elle est quelquefois arrogante. Elle appelle en champ clos la société civile, elle revendique *les
Droits de Dieu*, c'est-à-dire de l'école du *Syllabus*, sur tout

ce qui respire ; mais si cette attitude guerroyante peut exalter le fanatisme de quelques initiés, elle a le défaut d'indisposer *les gens paisibles et raisonnables*. Aussi, la propagande cléricale ne craint-elle pas de se faire modeste ou de mettre un faux-nez. Nous rencontrons à chaque instant des spécimens variés de ces petites roueries. Plusieurs de nos lecteurs nous ont déjà signalé une série de petites publications à bon marché, qui portent le nom équivoque de *Bibliothèque populaire et sociale*, dont tous les livres sont calculés de manière à faire illusion sur leurs tendances, qui se composent surtout de prétendues études sur les personnages les plus populaires de l'histoire ou sur des républicains contemporains : sous cette apparence de biographie se cachent d'ineptes libelles. Ces petites brochures sont mises en vente de préférence dans les librairies les plus profanes, et où l'on s'attend le moins à trouver des produits du quartier Saint-Sulpice. On se garde bien, du reste, de faire paraître nulle part le nom de l'officine d'où elles sortent, qui s'appelle la librairie de Notre-Dame de la Salette. Quelques personnes y ont été prises, ainsi qu'aux publications d'aspect révolutionnaire de la société cléricale qui se dissimule sous le nom anodin de « Société bibliographique ». Là-dessus, nous ne pouvons répondre à nos correspondants que par le conseil de se méfier des couvertures et de ne pas acheter chat en poche. »

Ces attaques prouvent que cette propagande, notamment de la « Bibliothèque populaire et sociale », a porté coup, et que, vigoureusement soutenue, elle pourrait ramener à la vérité bien des esprits égarés par les mensonges impudents et grossiers répandus par nos adversaires.

Il est donc surprenant que les journaux catholiques les plus autorisés pour prendre la défense des éditeurs intrépides de cette propagande, en soient encore à garder le silence à ce sujet.   GUÉNEBAULT.

(Extrait du *Courrier du Berry*, n° du 4 octobre 1876.)

Il manquait à la piété des fidèles un manuel qui, tout en leur donnant une notion générale sur ces apparitions merveilleuses, leur fournît aussi certains exercices qui fussent de nature à les édifier, à les instruire et à les rendre meilleurs dans la vie pratique. C'était donc une vraie lacune dans la dévotion à Notre-Dame de Lourdes.

Eh bien! c'est cette lacune que vient de combler

M. l'abbé Casabianca avec un rare bonheur d'exécution.

Après avoir donné un résumé historique des apparitions et des magnifiques solennités de la consécration et du couronnement dont il a été l'heureux témoin, M. l'abbé Casabianca, songeant avant tout aux malades qui souffrent et qui espèrent, nous donne une neuvaine en l'honneur de Notre-Dame de Lourdes.

Nous ne connaissons rien de plus achevé que cette petite neuvaine, composée de la messe et des Vêpres de l'immaculée Conception en latin et en français, du Rosaire médité et d'une action de grâces.

Qu'il nous soit permis de dire en finissant cette analyse, que l'*Écrin de Notre-Dame de Lourdes* est l'ouvrage de piété le plus complet qui ait paru sur ce merveilleux pèlerinage.

Les fidèles y trouveront, sans que nous ayons besoin de le leur faire remarquer, une doctrine solide, une piété onctueuse, des aperçus nouveaux et des réflexions ingénieuses, et un style élégant et fleuri, tel qu'il convient à Celle qui daigne apparaître sur un églantier et couronnée de roses.

(Extrait du *Messager de l'Immaculée Conception*, du 1ᵉʳ décembre 1876).

Paris. — Imp. Dubuisson et Cᵉ, rue Coq-Héron, 5.